Sofia Schmölz

Pray for Power!
Das Gebet ist eine Kraftquelle

Impressum:

Pray for Power!
Das Gebet ist eine Kraftquelle
von Sofia Schmölz

2. Auflage vom 1. Mai 2021

ISBN: 9783735720184

Herstellung und Verlag: BoD - Books on Demand, Norderstedt

(Hrsg.) V.i.S.P.
Adlerstein Verlag
Hans-Jürgen Sträter
Wacholderstr. 26
26639 Wiesmoor
Tel.: 04944-5815
kontakt@adlerstein.de
www.adlerstein-verlag.de

Coverfoto: Peter J. Faust, Halblech-Buching

© Adlerstein Verlag Wiesmoor, 2021

Alle Rechte vorbehalten

FSC
www.fsc.org
MIX
Papier aus verantwortungsvollen Quellen
Paper from responsible sources
FSC® C105338

Betgemeinde, heilige dich
mit dem heilgen Öle,
Jesu Geist ergieße sich
dir in Herz und Seele.
Lass den Mund alle Stund
von Gebet und Flehen
heilig übergehen.

Kann ein einiges Gebet
einer gläub'gen Seelen,
wenn's zum Herzen Gottes geht,
seinen Zweck verfehlen?
Was wird's tun, wenn sie nun
alle vor ihn treten
und zusammen beten.

O der unerkannten Macht
von der Heilgen Beten!
Ohne das wird nichts vollbracht
so in Freud als Nöten.
Heiliget das Gebet,
das zu Gott sich schwinget;
betet, dass es dringet.

Das Gebet hat Christi Gunst,
wo man's ernstlich übet;
und das ist der Heilgen Kunst;
bitten, wie er's liebet,
dass gescheh je und je,
wie er's vorgenommen
auf sein endliches Kommen.

von Christoph Ludwig von Pfeil (1712 - 1784)

Inhaltsverzeichnis

	Seite
Lieber Gott!	9
Morgens am offenen Fenster	10
Ein Friedensland	11
Viel mehr füreinander beten	12
Abends am Balkon	13
Ein Abendlied	14
Wie die Kinder	15
Der Liebe Gott erhört	16
Wieder möcht ich mit dir sprechen	17
Großer Gott, an deiner Liebe	18
Früh morgens	20
Mit dir, Lieber Gott	21
Morgens	22
Danke	23
Mittagsruhe	24
Brief an den Lieben Gott	25
Unser himmlischer Vater	26
Oft sind es die gleichen Worte	27
Ich hab so viel zu danken	28
Du weiser Vater	29
Heimat	30
Ein Kind das nicht beten kann	30

	Seite
Rufen wir auch jeden Tag?	31
Schatztruhe	32
Gott half mir sofort	32
Segen ist Gottes Hilfe	33
Gärten	34
Gott gibt gern	35
Wie sieht es bei mir aus?	36
Gedankenreise zur Ewigkeitswohnung	37
Abends im Bett	38
Ich hab doch dich	39
Danken kann ich jeden Tag	40
Gottes Engel	41
Erlebnisse und Gedanken	42
Die Brücke	44
Der Schlüssel	47
Gespräch mit Jesus, dem Gottessohn	49

Lieber Gott!

Ruh' und Stille möcht ich finden,
dass ich dich erleben kann,
gib doch Einhalt Sturm und Winden,
halte sie zurück im Bann,
in der Seele Ruh' und Stille,
Lieber Gott, ist doch dein Wille.

In der Stille dich erleben,
das wünsch' ich mir jeden Tag,
von dir nehmen und dir geben,
schwer genug sein in der Waag',
die Verbindung möcht' ich haben,
selber mich und and're laben.

Nur wenn's still ist in der Seele,
in der Abgeschiedenheit,
wenn ich bösem Geist befehle,
dass jetzt Ruhe ist zur Zeit,
kann ich in Verbindung treten
und zu dir, mein Vater, beten.

Wertvoll sind doch diese Stunden,
wo die Geister überwunden
und die Sorgen müssen schweigen
und du wirst dich zu mir neigen.

Morgens am offenen Fenster

Ich fang' den ganzen Morgen ein,
die Luft in meine Lungen
und alles ist auf einmal mein,
es wird so viel gesungen,
die Vögel sind schon alle wach
nun unter Gottes Himmelsdach.

Den Tau, den spür' ich angenehm,
ich möchte einfach schauen
und lehn am Fenster dort bequem,
ich kann dem Leben trauen.
Gott leitet wieder alle Sach'
wohl auf und unterm Himmelsdach.

Mein Auge sieht das milde Licht,
es kommt ganz sicher wieder
und immer klarer wird die Sicht,
der Friede kommt hernieder,
du meine Seele, leb' und lach'
und danke Gott am Himmelsdach.

So mach ich gern mein Fenster auf
für Gottes Wundergaben
und möchte mich im Lebenslauf
an seinem Segen laben.

Ein Friedensland

Ein Friedensland in meinem Herzen,
mit dem Schein der Weihnachtskerzen,
Lieber Gott, das schaff in mir
schon auf dieser Erde hier.

Wo man selber will gern wohnen
und sich jede Stund' wird lohnen,
da wo Jesus kehrt heut' ein,
so lass meine Seele sein.

Lass die Engel um mich schweben,
schenke mir das Neue Leben,
dankbar beuge ich die Knie',
wissend, du verlässt mich nie.

Wir sollten mehr füreinander beten

Vielmehr füreinander beten,
liebend vor den Herrn zu treten,
das sei unsre heil'ge Pflicht,
bringt uns Wärme doch und Licht,
jeder von uns wird es spüren,
wie die Hände Gottes führen.

Dass wir doch das Ziel erreichen,
fest steh'n wie die alten Eichen
und die Engel bei uns sind,
wachen über Gottes Kind
und für alle, alle Leute,
dafür bitt' ich Gott doch heute.

Für die Obrigkeit auf Erden
möge Gottes Hilfe werden,
für die Kranken und wer weint
treten im Gebet vereint
und dass alle, die in Sorgen
sind in Jesu Lieb ' geborgen.

Lasst uns die Gebetsmacht nutzen,
bösem Geist die Kräfte stutzen,
mach dir diese Macht bewusst,
das gibt neu zum Beten Lust,
ärgere dich nicht am Bruder,
hilf ihm mit Gebet am Ruder!

Abends am Balkon

Alles lass ich auf mich wirken,
Wolken, Mond und Sterne,
Nachbars schöne, hohe Birken,
alles seh' ich gerne.
Hör von Tieren leis' die Glocken,
die im Günztal weiden
Elstern, die am Hausdach hocken,
jeder könnt mich neiden.

Eingehüllt von Vogelstimmen,
Katzen schleichen leise,
Goldfisch die im Teich drin schwimmen,
all's nach Gottes Weise,
Ruhe, Friede legt sich nieder,
frische Luft, ein Segen,
die Natur hat schöne Lieder
und ich fühl' den Regen.

Stille kehrt nun in die Seele,
Zeit ist es zum Beten,
mit dem Danklied in der Kehle
vor den Herrn zu treten.

Ein Abendlied

Jetzt stell ich mir vor, Gottes Engel sind da,
bewachen das Herz und die Seelen,
ich seh' sie im Geist und ich spür sie ganz nah'
gehorchen nun Gottes Befehlen.

Da bin ich doch dankbar und sicher und froh
und in Gottes Liebe geborgen,
Gott Vater im Himmel bestimmte es so,
und ich schlaf getrost bis zum Morgen.

Wie die Kinder

Wie die Kinder, voll Vertrauen,
wollen wir nun auf dich schauen,
wer hat Weisheit, alle Macht
und ist liebevoll bedacht
uns zu führen und bewahren
durch die Nebel der Gefahren,
ganz bestimmt du, unser Vater.

Möchten deine Hände fassen
und dich an uns wirken lassen,
dass dein Wille nur geschieht,
Angst und Sorge wieder flieht.
Und wie oft sind unsre Bitten:
Hilf uns diese Sache kitten!
Wieder kann's nur unser Vater.

Der Liebe Gott erhört unser Gebet, wenn es in seinem Willen ist und wenn es gut für uns ist. Er sagt: „Wende dich zu mir, dann wende ich mich zu dir." Reihenfolge beachten!

Gutes tun: Nicht müde werden im Gebet. „Betet ohne Unterlass", also immer.In der Not zum Lieben Gott beten - wir wären dumm, wenn wir diese Möglichkeit nicht nutzen würden.

„Kommet her ihr Mühseligen und Beladenen, ich will euch erquicken". Das Gebet ist keine einseitige Sache, es kommt auch was zurück.

Wir dürfen den Lieben Gott um alles bitten, im „Unser Vater" sehen wir aber, dass es überwiegend um das Geistige geht.

Ein Priester sagte mir zu der Zeit, als ich sehr krank war: „Das Gebet ist wie ein soziales Netz, wenn man selber nicht mehr beten kann, wird man von anderen getragen, beten andere für einen."

Wir sollen auch für die beten, die selber nicht beten können.

Im Gottesdienst hörten wir, dass wir beim Beten auch den Heiligen Geist mit einbeziehen sollen, damit er unsere Gebete formuliert, so dass wir im Sinne Gottes beten, dann haben wir auch Gebetserhörungen.

Wieder möcht' ich mit die sprechen

Wieder möcht' ich mit dir sprechen,
sieh die Geister doch, die frechen,
die mir Angst und Bange machen
und dann wieder hämisch lachen.
Deine Treue kann ich loben,
auch wenn dunkle Mächte toben.
Allmacht, Stärke und dein Friede
lob' ich dir im Morgenliede.
Du willst, dass wir zu dir kommen,
die Gebete hör, der Frommen,
mach uns stark, dass wir gewinnen
gegen all des Bösen Sinnen,
will er doch die Kraft uns rauben
und geht an den schönen Glauben.
Schenk uns Liebe und die Kräfte
bitte und zum Leben Säfte,
dass wir lieben und vergeben,
magst von deinem Reichtum geben.
Ich leg mich in das Vertrauen,
dass ich kann nur vorwärts schauen
und die Last zur Seite lege,
hab doch des Herrn Jesu Pflege!

Großer Gott, an deiner Liebe

Großer Gott, an deiner Liebe
lass mich angeschlossen sein,
was hätt' ich, was ewig bliebe?
Hilf mir alles zu verzeih'n.

Du bist doch der Liebe Quelle,
Schick' sie durch ein dickes Rohr
mir ins Herz zur Wärme, Helle,
das stell ich als Mensch mir vor.

Du bist Liebe, schick die Strahlen
mild an Wärme, Freude Kraft,
mit der Liebe lass mich malen
uns ein Bild, das Freude schafft.

Liebe, das ist Kraft und Leben,
kommt von dir, dem Sohn, dem Geist,
kannst im Überfluss doch geben
deinem Kind, das zu dir reist.

Wer kann leben ohne Liebe?
Was kann ewig sonst besteh'n?
Und was nährt die guten Triebe?
Du willst reife Früchte seh'n.

Mach mich reich an Liebe, Freude,
dass ich wieder Quelle bin,
guter Gott, das bitt' ich heute,
das alleine macht doch Sinn.

Will der Feind die Tage trüben,
was ihm zu oft noch gelingt,
möcht' ich mich in Liebe üben
bis mein Herz auch wieder singt.

Möchte das Gebot erfüllen
das uns Jesus selber gab,
möglichst all's in Liebe hüllen,
Liebe sei mein Wanderstab!

Früh morgens

Von Engelmacht und Gotteslieb umgeben
beginne ich den Tag heut wieder neu
und wage heute wiederum mein Leben
gebaut auf Jesu Grund und Gottes Treu'.

Wo sollt ich meine Kräfte wieder holen:
Aus dem Gebet und Glauben an den Herrn,
er gibt es neu, was mir der letzte Tag gestohlen,
reicht mir die Hand, ich weiß, er hat mich gern.

Nun bitt' ich ihn, er mög' den Weg mir weisen
in seiner Weisheit, Liebe, Treu und Macht
und nur mit seinem Segen will ich reisen
und über allen Dingen schweben sacht.

So möcht' ich selber auch ein Segen werden
im Reich des Geistes und auch hier auf Erden
und Hilfe sein für manche Seel in Not,
den Frieden bringen und des Wortes Brot.

In einem Gottesdienst haben wir gehört:
Bleibt in dem was ihr gelernt habt.
Und was haben wir gelernt?
Beten, in den Gottesdienst gehen, Liebe üben.

Mit dir, Lieber Gott

Immer in Verbindung stehen,
wieder deine Wunder sehen,
dankbar deine Hand ergreifen,
täglich in der Seele reifen,
dich in Ehrfurcht immer loben,
feste Schritte tun nach oben,
deine Liebe wieder spüren,
deine Engel, die mich führen,
mich in deine Gnade hüllen
und mein Herz mit Segen füllen,
Jesu Friede in mir haben,
im Gebet die Seele laben,
Kraft zum Glauben und zum Leben
und viel Weisheit magst mir geben,
dass ich bin in dir geborgen,
das erbitt' ich heute morgen.
Danken kann ich dir nur wieder
mit der Seele Glaubenslieder.

Morgens

Mein Lieber Gott, ich danke dir
für diese gute Nacht
und dass dein Engel war bei mir,
er hat mich wohl bewacht.

Ein Freudenland in meiner Seel',
das bitt' ich, schaffe du
und gib zu guter Tat und Fehl
die Liebe mir dazu.

Verkürze diese Erdenzeit
und sende deinen Sohn,
zeig jetzt schon deine Herrlichkeit,
erhalte uns die Kron',

Sei bei uns wieder Schritt für Schritt,
wir brauchen deine Macht
und hör doch deiner Kinder Bitt',
führ' durch den Tag uns sacht.

So schenk' uns Glauben und den Mut ,
die Weisheit und die Kraft,
wir wissen, du machst alles gut,
was deine Hand heut' schafft.

Den Seelen in der Ewigkeit
und den Geschwistern hier
sei der Begleiter allezeit,
schenk' Freude uns zur Zier!

Danke

Nun dank ich dir mein Gott, bei Tisch
Für all die guten Gaben,
du gabst sie uns heut wieder frisch
um Leib und Seel' zu laben
und segne bitte Speis und Trank,
der uns gefüllt den Vorratsschrank.

Nun dank ich dir, mein Gott, bei Tisch
für all die Geistesgaben,
du gibst sie uns zum Stärken frisch,
dass neue Kraft wir haben
und bitte schenk die Gnade neu,
die Liebe uns in deiner Treu.

Mittagsruhe

Jetzt stell ich mir vor, der Herr Jesus wär' da
und hätt' für mich ewig lang Zeit,
er bringt mir, wie ich es noch niemals hier sah,
ein schönes, ganz schneeweißes Kleid.

Er bringt mir den Schmuck mit aus edlem Gemüt,
aus Liebe und Freude und Fried',
nun schenkt er mir Rosen, wie's ewig nur blüht
und hat mir ein wunderbar Lied.

Er zeigt mir die Engel, die halten die Wacht,
ich fühle mich sicher beim Herrn,
gehalten von Gottes unendlicher Macht
such ich seine Nähe doch gern!

Ich stell es mir vor, der Herr Jesus wär' hier
und ich geb' ihm dankbar die Hand,
Er hat mir Geschenke und Hilfe und Zier,
bei mir ist ein friedevoll Land!

Brief an den Lieben Gott

Manchmal schon, da frage ich:
Lieber Gott, wie siehst du mich?
Gib mir Antwort doch und sage,
bring ich reichlich auf die Waage?
Doch am End' von Sorg' und Lust,
Lieber Gott, ist mir bewusst,
brauch ich deine Gnade.

Lieber Gott, reicht dir mein Tun,
sag mir doch, wo steh' ich nun,
zeig mir meine Aufgab' heute,
war es recht, was mich so freute?
Wenn man nur mit halber Kraft
mühevoll sein Tagwerk schafft
braucht man deine Gnade.

Lieber Gott und seh' ich recht?
Ich mein's ehrlich doch und echt.
Gib mir bitte neue Kräfte
und vom Lebensbaum die Säfte,
jeder der dich liebt und kennt
wird es sagen doch am End':
Groß ist deine Gnade!

Unser himmlische Vater

Lieber Gott, unser himmlischer Vater, habe herzlichen Dank für deine Hilfe bis hierher!
In den Nachrichten hört man so viel, bei dem wir Menschen deine Hilfe, deinen Engelschutz brauchen.
So bitte ich dich besonders für unsere Polizisten, Männer und Frauen, die oft ihr Leben einsetzen für die Ordnung im Land, zu unserem Schutz und manchmal auch dabei das Leben verlieren, ebenso die Soldaten, das Technische Hilfswerk, die Feuerwehrleute, Bergwacht, Wasserwacht, Rettungssanitäter und Ärzte, die sich oft auch großen Gefahren aussetzen um Menschen zu helfen.
Hilf bitte auch unseren Politikern, über die Gemeindepolitik, auf Landesebene und Bundesebene bis zur Weltpolitik.
Schenke ihnen die rechten Gedanken, halte deine starke Hand über alles was getan wird, damit es uns auch zum Segen und zum Frieden wird.
Bitte bewahre und segne die Menschen alle, die uns helfen und Gutes tun! Oft sind es doch Engel in Menschengestalt.

Oft sind es die gleichen Worte

Oft sind es die gleichen Worte,
die ich send', mein Gott, zu dir
oben an die Himmelspforte,
doch du weißt, wir brauchen hier
täglich Kraft von dir zum Leben,
alles musst du uns erst geben.

Loben kann ich dich und preisen,
dir gehört mein Dankgebet,
deine Engel gib zum Reisen,
die Gesundheit wird erfleht,
magst doch deinen Sohn heut' senden,
Herr, dass sich die Leiden wenden.

Hilf dem Ehegatten, Kindern,
hilf um's ganze Erdenrund,
du nur kannst die Nöte lindern,
wenn die Seele ist uns wund.
Du kannst uns're Sorg' verstehen,
Schritt für Schritt auch mit uns gehen.

Hilf den Menschen, die schon drüben,
unser'n Brüdern, die viel tun,
lass uns in der Liebe üben
und zur Zeit im Frieden ruh'n,
lass von deinem Geist uns heben,
neu in deiner Liebe leben!

Ich hab so viel zu danken

Ich hab so viel zu danken,
mein Gott, wo fang' ich an,
da seh' ich keine Schranken,
was du für mich getan.

Du gabst mir Geist und Leben
und einen tiefen Sinn,
was könnte ich schon geben,
von dir kommt der Gewinn.

Nun geb ich dir von Herzen
ein bisschen meiner Zeit
und meines Glaubens Kerzen,
die seien dir geweiht.

Ich dank' dir für die Sonne,
die Luft, das Augenlicht,
für Speis und Trank in Wonne
und für der Hoffnung Sicht,

für Kleidung, Haus und Garten,
auch für der Arbeit Lohn,
du segnest uns im Warten
auf deinen lieben Sohn.

Der Dank soll ewig gehen
in Ehrfurcht, Lob und Preis,
ich kann die Wunder sehen,
was deine Allmacht weiß.

Du weiser Vater

Lieber Gott, du weiser Vater,
hilf uns kleinen Menschen hier,
mach uns stark und sei Berater,
deine Lieb sei uns're Zier.

Du siehst doch des Satans Treiben
um das ganze Erdenrund,
möchte uns die Seel' aufreiben
und tut seine Kräfte kund.

Lass uns doch zu dir hinwenden,
Lieber Gott, uns heute neu,
mögest deinen Sohn bald senden,
trennen Weizen von der Spreu.

Sieh doch auf den Kampf der Seelen,
Nöte sind doch offenbar,
lass das Ziel uns nicht verfehlen,
stets erkennen, was ist wahr.

Oft sind es nur Kleinigkeiten
und der Streit daraus wird groß,
deine Engel mögen leiten
uns in deiner Liebe Schoß.

Heimat

An die Heimat soll ich denken,
die ich niemals hab geseh'n,
Gott mög' die Gedanken lenken,
dass ich besser kann versteh'n.

Leg mir Lieder auf die Zunge,
Heimatlieder voller Freud,
Heimatluft für meine Lunge,
dass ich Kraft hab wieder heut.

Lieber Gott, schenk mir das Sehnen,
die Verbindung durch den Geist,
möchte mich nur an dich lehnen,
dass ich weiß, was Segen heißt.

Schenk uns mehr von deiner Liebe,
Frieden aus den Himmelshöh'n.
Hoffnung Glaube, edle Triebe
für die Heimat wunderschön.

Der Vater meines Nachbarn erzählte mir, dass er einmal von einem Bub um Geld zum Telefonieren gebeten wurde. Er gab ihm das Geld und sagte: „Dafür kannst du für mich beten." Der Bub sagte: „Ich kann nicht beten." - Der Mann sagte mir: „Nicht ein Kind das kein Fahrrad hat ist arm, sondern ein Kind das nicht beten kann ist arm!"
Wie wahr! Und erkennen wir diesen Reichtum? Und nutzen wir auch diesen Gebetsreichtum?

Rufen wir auch jeden Tag?

Rufen wir auch jeden Tag,
dass Herr Jesus kommen mag?
Hat der Ruf noch viel Gewicht?
Mein Herr kommt noch lange nicht,
der Gedanke wär' schon schlecht,
wär' mein Glaube da noch echt?

Rufen wir noch jeden Tag,
oder nur bei Not und Plag'?
Rufen wir bei Tag und Nacht,
sehnen wir uns nach der Pracht?
Jagen wir nach uns'rem Ziel?
Geh'n wir noch spazieren viel?

Rufen wir noch jeden Tag,
auch wenn gut die Lebenslag',
wenn uns heut' die Sach' gelingt
und auch mal die Seele singt:
Komm Herr Jesus, schlag doch an
mit der Sichel, ernte dann.

Heut' vielleicht könnt' es noch sein,
auch bei hellem Sonnenschein,
so wie's war in Noah's Zeit,
plötzlich war es doch soweit,
hoffentlich bin ich bewahrt
zu der eig'nen Himmelfahrt.

Die Gedanken geh'n voraus,
wie wird's sein im Vaterhaus,
wo wir alle gleichgesinnt
und das Leben neu beginnt?
Harren auf den großen Tag -
wann kommst du Herr Jesus, sag?

Schatztruhe

Jetzt stell' ich mir einfach vor,
dass ich bin von Gott geliebt,
dass er mir am Himmelstor
einen reinen Goldschmuck gibt
und ich bin sein Königskind,
sacht umweht vom Geisteswind.

Und mein Vater hat die Macht
über alle Kreatur,
Reichtum, Liebe, schönste Pracht,
wie es hat der Höchste nur
und er sagt in Lieb zu mir:
Komm mein Kind, bedien dich hier!

Da hat er die Truhe voll
Friede, Liebe, Freude, Ruh',
weichen müssen Sorg' und Groll.
Meine Hände greifen zu
und so werd' ich stark und reich,
mehr auch dem Herrn Jesus gleich.

Als ich plötzlich keine Macht mehr über mein galoppierendes Reitpferd hatte und Fußgänger mir entgegen kamen, tat ich in Gedanken einen Hilfeschrei zum Lieben Gott. Im selben Moment ließ die Spannung im Pferdekörper nach, ich konnte wieder auf das Pferd einwirken und im Schritt an den Fußgängern vorbei reiten.

Segen ist Gottes Hilfe

Es ist doch nur geliehen,
das Hab und gut auf Erd'
und was uns hier gediehen,
das uns ist soviel wert.
Doch was im Geist wir haben,
das hat uns Gott geschenkt,
der Gnade Himmelsgaben
und wie's der Herr gelenkt.

Der Glaube ist ein Segen,
die Liebe ist das Heil,
der Engelschutz zugegen
und Hoffnung ist ein Teil.
Darüber muss ich wachen,
dass ich in der Gefahr
von Gott geschenkte Sachen
in meinem Herz bewahr.

Gott hilft uns durch das Leben,
mach nur die Augen auf,
der seinen Sohn gegeben,
der Schweres nahm in Kauf.
Ich kann ihm doch vertrauen,
dem großen, weisen Gott,
er hilft auf Himmelsauen
mir aus dem Alltagstrott.

Da kann ich doch nur danken,
dass ich sein Kind sein darf,
er heilt die Sündenkranken
und groß ist der Bedarf.
Zu ihm muss ich hingehen,
sein Segen fließt im Wort
wo seine Knechte stehen,
wie heilig ist der Ort!

Gärten

Hier auf dieser Erde schon,
in des Lebens Härten,
gibt es für die Sinne Lohn
in den schönen Gärten.
Gott gebührt doch Lob und Dank,
sitz' ich auf der Gartenbank.

Wohltat ist's, der Bäume Grün
und der Blüten Farben,
Gott lässt uns bei allen Müh'n
hier doch auch nicht darben.
So genieß ich hier und heut'
was Gott machte mir zur Freud'.

Frucht und Düfte wunderbar,
vieles für den Magen,
alles hier ist echt und wahr,
kann's der Mund nicht sagen.
Gott ist da mit seiner Macht
und zeigt mir der Schöpfung Pracht.

Wasser, Vögel, manches Tier,
Sonne, Luft und Leben,
viele Kräutlein find ich hier,
Gott hat es gegeben.
Da knie ich mich hin im Geist,
dass die Seel' den Schöpfer preist.

Efeu, Buchs und tränend Herz,
Sonnenblumen, Rosen,
Glockenblumen, gelbe Kerz'
möchten mich liebkosen
und ein Friede legt sich drauf,
Ruh' kehrt ein im Lebenslauf.

Gott gibt gern, ich erlebe es selber

Der Liebe Gott, ein stetig' Quell
an Liebe Freud' und Friede
die Sonn' im Herzen, mild und hell,
verdient ein Dankesliede.
Und diese Quelle möcht' ich pflegen
denn sie alleine dient zum Segen.

Aus ihr kommt doch mein Gut und Geld
im Geiste und auf Erden
und so wird's auf dem Herzensfeld
auch in der Zukunft werden.
Gott wollte mir die Quelle zeigen,
so möcht' ich mich zum Trinken neigen.

Ich mach es mir nun neu bewusst
und möchte täglich schöpfen
mit Dankbarkeit und Herzenslust
und meinen größten Töpfen.
Gott freut es, wenn er mir kann geben,
ich darf von seiner Gnade leben.

Sollt ich das nur für mich allein
in meiner Tasche haben
und nicht auch selbst mal Quelle sein
um auch ein Herz zu laben?
Herr Jesus will uns Menschen lenken,
dass seine Liebe wir verschenken.

Wie sieht es bei mir aus?

Ist denn mein Sehnen groß genug
auf Jesu Wiederkommen
und ist mit Öl gefüllt mein Krug
im Warten mit den Frommen,
dass Jesus dann auch sagen kann:
Komm her zu mir, ich nehm' dich an.

Ist meine Liebe groß genug,
kann ich denn all's verzeihen
und in der Welt voll Lug und Trug
mein Herz dem Heiland weihen,
dass Jesus dann auch sagen kann:
Ich hab dich lieb, ich nehm' dich an.

Hab ich im Herzen Raum genug
für Gottes Geist zum Reifen
und sitz' ich noch im rechten Zug
Herrn Jesus zu begreifen,
dass Jesus dann auch sagen kann:
Ich nehm' dich doch aus Gnaden an.

Gedankenreise zur Ewigkeitswohnung

Jetzt stell' ich mir vor, meine Seele, sie reist
zur Ewigkeitswohnung hinüber im Geist.
Die ist nicht aus Holz und aus Ziegel wie hier
und sie hat die Liebe und Freude als Zier,
die Mauern aus Edelstein, rein wie ein Glas,
ich bin überwältigt, noch nie sah ich das,
und überall merke ich guten Geruch,
Herr Jesus und Engel sind hier zu Besuch,
die Wände sind mit teuren Bildern geschmückt,
die Farben, die sind unserm Gott wohl geglückt,
die Wahrheit, die ist hier zu sehen als Gold,
der Hausrat sind Tugenden, Zierde gar hold
und in dieser Wohnung, da ist immerzu
ein heiliger Friede und selige Ruh'.
Man liebt sich und freut sich unendlich im Geist,
das ist es, wohin meine Seele gern reist.
So nütze ich heute schon die freie Zeit
und schick die Gedanken im Engelgeleit,
da geht es mir besser auf Erden hier schon,
die Wohnung, die machte mir doch Gottes Sohn.

Abends im Bett

Jetzt stell ich mir vor, der Herr Jesus wär' da,
bei mir hier im Zimmer und wirklich ganz nah'
und ich hör' aus seinem geheiligten Mund:
Er nennt mich beim Namen und sagt: sei gesund!

Dann legt er die Hand ruhig auf meinen Arm,
es wird mir in Seele und Körper schön warm,
er schenkt mir aus Liebe den Brautschmuck sogleich,
sagt, dass er mich brauchen kann, in seinem Reich.

Ich merke den Frieden aus göttlichem Geist,
sowie Jesu Liebe den Weg mir auch weist,
da seh' ich die Engel um's Haus und bei mir
und Ruhe ist wieder, denn Jesus ist hier!

Ich hab doch dich

Ich hab doch dich, mein lieber Gott,
mein Vater auf dem Himmelsthron,
du hilfst mir hier bei Leid und Spott.
Weil ich in deinem Herzen wohn'.
Du weißt, mein Gott, ich mein' es echt
und du siehst diese Sach' auch recht.

Ich komm zu dir und beug die Knie
und nutze deine Gnadengab',
du liebst mich und verlässt mich nie,
ich weiß doch, was ich an dir hab.
Du weißt doch, wie es wirklich ist
und nicht wie mancher Mensch mich misst.

Lass mich erkennen jeden Tag
was meine Aufgab heute ist,
dass ich recht tu in jeder Lag'
und widerstehe jeder List.
Hilf, dass ich endlos lieben kann
und du mich nimmst aus Gnaden an.

Lieber Herr Jesus

Danken kann ich jeden Tag!

Aus der Fülle deines Wortes
hol' ich Schätze mir im Geist
am Altar des Gnadenortes,
wo man Gott als Schöpfer preist.

Wie viel Trost und Kraft und Leben,
Gnade, Friede, Freude, Licht,
habt ihr mir vom Himmel geben,
aus der Höhe weite Sicht.

Du bist uns ein treuer Lehrer
in des Lebens Schule hier,
segnend, liebend der Vermehrer
deiner Geistesgaben mir.

Was nicht Rost und Motten fressen
hast aus Liebe du geschenkt,
wenn zu Füßen man gesessen
dir ist und vom Geist gelenkt.

Gottes Engel

Jetzt stell ich mir vor, Gottes Engel ist da,
im seidenen Himmelsgewand
wie ich es auf Erden noch niemals hier sah,
in hellblau und aus fernem Land.

Die Stimme ist ruhig und schön wie ein Lied
und ist mir ein schönes Geschenk,
im Raum spür' ich Liebe und Freude und Fried',
Gedanken aus Licht, die ich denk.

Er gibt mir ein Päckchen im golden Papier
mit Liebe Geduld und viel Kraft
und Demut und Hoffnung und allerlei Zier,
den Schlüssel aus irdischer Haft.

Nun trägt er zu Gott auch mein Abendgebet,
die Freuden und Sorgen und Last,
das Fühlen, wie es in der Seele mir steht,
gibt es eine bessere Rast?

Erlebnisse und Gedanken

Eine Bekannte von uns lag im Krankenhaus mit Schmerzen und ihr durfte kein Schmerzmittel mehr gegeben werden. Da rief sie nachts um halb Eins meinen Mann an. Wir knieten uns hin und beteten für sie. -
Die Schwester, die sich wunderte, wen sie mitten in der Nacht anruft, wunderte sich ganz kurze Zeit später wieder: Unsere Bekannte lag mit gefalteten Händen im Bett und schlief.

Wichtig ist, dass wir Erwachsene den Kindern das Beten lernen, vorleben, das Wissen um die Macht des Gebetes weitergeben. Dann beten sie auch für sich, für uns, für ihre Freunde und ihre Kinder. Sie haben dann auch Glaubenserlebnisse, Gebetserhörungen und erleben die Wunder Gottes noch mehr.

Ich meine, Worte alleine reichen nicht zum Beten, das muss auch mit Seele, Geist und Leib, mit ganzer Hingabe sein und manchmal habe ich da gar keine Worte mehr. Das schaffe ich nicht immer, aber es ist mein Bestreben.

Auf der Fahrt zum Urlaubsort waren viele Lastwägen unterwegs. Als Beifahrerin konnte ich die Zeit nutzen um für die Fahrer zu beten um den Engelschutz und um die Hilfe bei ihrer verantwortungsvollen Aufgabe, dass sie gesund heimkommen.
Mein Nachbar sagte: „Als Lastwagenfahrer ist man mit einem Fuß im Krankenhaus und mit dem anderen im Gefängnis."

Wir hatten eine sehr gute Fahrt ohne Vollbremsung.

Nachdem ich ärztliche Hilfe brauchte, betete ich auch für die Ärzte und ihr Team, dass ihnen der Liebe Gott hilft mit den Kräften und der Existenz. So kann ich auch wieder was Gutes zurückgeben.

Vor dem Einkaufen ist es gut zu beten, dass der Liebe Gott Zeit und Geld segnet, um einen freien Parkplatz, dass man selber gut heimkommt und es ist auch nicht selbstverständlich, dass man das Auto heil heimbringt.

Für die Zeitungsfrau kann man beten. Sie ist auch bei Nacht und glatten Straßen unterwegs für uns.
Der Postbote kann das Gebet brauchen, er tut doch auch einiges für uns und ist auf dem Weg Gefahren ausgesetzt.

Wichtig ist auch das Gebet für das Berufsleben, für sich selber, für die Kollegen, für die Leute, mit denen man zu tun hat.Ich möchte immer so intensiv beten, dass die es merken. Den Segen erlebt man auch.

So gibt es unendlich viele Angelegenheiten, bei denen wir selber und andere das Gebet brauchen. Vergessen wir nicht zu danken. Was wir auch als selbstverständlich hinnehmen, haben wir doch vom Lieben Gott bekommen.

Das Gebet ist eine Brücke von den Menschen zu Gott und durch die Fürbitte auch zu den anderen Menschen, eine Brücke der Liebe.

Die Brücke

Michael ist Architekt, ein Mann der viel gelernt hat und gute Arbeit macht. Er wohnt in einem Land, in dem man alles hat, was man zum Leben braucht, zumindest fast alles. Die Menschen bauen schöne und große Häuser, Brücken, Bahnen, Straßen auf und unter der Erde. Es gibt so viele Lebensmittel, dass man gar nicht alles essen kann. Man unterhält große Schulen, Krankenhäuser, und Pflegeheime, Kindergärten, es gibt Banken, Versicherungen, Gesetze und Anwälte, Polizisten, schöne Parkanlagen und Gärten und die Menschen tragen moderne Kleidung. Es ist schade, dass dabei aber die Liebe in vielen erkaltet. Geldgier, Habsucht, Ehrsucht, Neid, Hass, Ärger und Sorgen nehmen stark zu und das macht die Menschen krank. Es ist enormer Druck zu spüren und Hetze und fast keiner mehr hat so richtig Zeit für die Kinder, für die Kranken, die Alten und für die Menschen mit Sorgen.

Auch Michael spürt den Druck und weiß, dass er so nicht weiterleben und arbeiten kann. Er packt das Nötigste in seinen Rucksack und macht sich auf den Weg durch eine naturbelassene Auenlandschaft. Da wird schon alles leichter, der Druck weicht, die Seele bekommt wieder Luft. Michael erinnert sich an Gott, der alles erschaffen hat und ihm auch die Gabe gegeben hat, seinen Beruf zu lernen. Michael merkt, dass er auf einem Moosteppich läuft, zieht die Schuhe und die Socken aus und genießt das Barfußlaufen. Bald steht er vor einer eigenartig schönen Brücke. Sie lädt geradezu ein, da hinaufzugehen, hinüberzugehen. Michael überlegt aber, ob er soll oder nicht soll, es ist fremd, fast zu schön und irgendwas sagt: „Komm, Michael." Er schaut sie eine Weile fachmännisch an.

Die Brücke ist aus aus sehr tragfähigem Stahl, eine sichere Konstruktion, mit edelsten Hölzern kunstvoll verarbeitet, mit Schnitzarbeiten verziert, mit dunkelroter Farbe meisterhaft bemalt, der Handlauf mit Gold beschlagen. Es könnte kein Auto über die Brücke fahren, aber Fußgänger können sie bequem begehen, sie gehen dabei auf Gold. Die Brücke hat den Namen Liebe und Liebe ist die Brücke, es ist Eins.

Michael horcht auf sein Herz und geht auf die wundervolle Brücke. Und er merkt, dass sie sicher trägt. Ein angenehmer Lufthauch fährt ihm durch das dunkle Haar und eine Kraft lässt ihn sicherer werden. Unter der Brücke fließt das Wasser und Michael hat das Gefühl, als ob es all das Ungute, Belastende, Hinderliche von ihm mitnimmt, fortschwemmt und es geht ihm besser, es ist heilsam.

Nun betritt der Mann ein anderes Land, es ist nicht ganz fremd, aber anders. Er sieht Tiere auf der Weide und die Menschen grüßen ihn freundlich und interessieren sich für seine Fragen und Wünsche. Michael geht in die Stadt. Auch hier muss gearbeitet werden und es ist eine hohe Kultur entstanden. Auch hier werden neue und schöne Häuser gebaut und Michael findet Arbeit in seinem Beruf. Die Arbeit kann aber ohne Druck gemacht werden und alles ist kreativer, ohne Härte. In diesem Land gibt es auch ein Gesetz, ein einzelnes, das Gesetz der Liebe; Gott zu lieben und den Nächsten wie sich selbst. Und weil sich jeder an das Gesetz hält, braucht man hier keine Polizei und keine Rechtsanwälte. Die Werte liegen hier auf Liebe, Friede, Freude und Mitgefühl für die Mitmenschen. Hier gibt es auch kaum kranke Menschen. Die Mütter nehmen sich viel Zeit für ihre Kinder, damit diese in sicherer Geborgenheit aufwachsen können und sind selber Vorbilder im christlichen Glauben. So können die Kinder in die Werte eines guten Umganges hineinwachsen.

Die Familien haben einen hohen Stellenwert. In dem Land wird der Mensch geliebt und geachtet und er gibt auch Liebe, ein Geben und Nehmen, Aussaat und Ernte von guten Gaben. Die Herzen der Menschen sind geöffnet für Gottes Wort und Wille und Wunder.

Michael hält nochmal inne und stellt fest, dass die Brücke, über die er gegangen ist, in ihm selber ist. Er merkt auch, wie wichtig Brücken sind und dass es viele Brücken der Liebe, tragende Brücken aus Liebe gibt: Die Brücke der Menschen zu Gott durch Jesus, Brücken von Herz zu Herz, Brücken von uns zu Seelen in der Ewigkeit. Es gibt aber auch einen Feind, der versucht, diese Brücken zu zerstören. Mag er sich doch an dem Gold und den edlen Steinen dieser Brücken die Zähne ausbeissen! In den Kriegen ist es auch das Bestreben der Feinde, viele Brücken, wichtige Brücken, zu zerstören.

Doch auch von Landesherren wurde angeordnet, Brücken zu sprengen, damit feindliche Truppen nicht in das Land kommen konnten. Wurde diese Anordnung nicht ausgeführt, war der Schaden enorm, der Kampf, der Krieg verloren. Das gibt Michael auch zu denken.

Nun baut Michael nicht nur schöne Häuser, sondern im Geistigen liebevolle Brücken, Verbindungen von Herz zu Herz.

Der Schlüssel

Sonja wohnt in Gottwaldshofen, einem kleinen Dorf neben dem Wald auf der Gottwaldshöhe. Sie hat es sich zur Aufgabe gemacht, morgens mit Gebet den Tag aufzusperren und abends mit Gebet den Tag zu beschließen. In dem Dorf sind Bauernhöfe, eine Kapelle, eine Wirtschaft mit Lebensmittelladen, eine kleine Schule und einige Menschen fahren in die Stadt zur Arbeit.

Die Näherin Sonja steht in der Morgendämmerung auf, nimmt den Schlüssel zur Kapellentüre, geht in die Kapelle und läutet die Glocke. Dann kniet sie sich auf den Lederpolster des Kniebänkchens und dankt dem Lieben Gott für die gute Nacht, lobt ihn für seine Güte und Gnade und betet ihn an, den großen, allmächtigen Gott der alles geschaffen hat und das Leben gegeben hat. Sie bittet ihn auch um seine Hilfe für das heutige Tagwerk, dass die Menschen den Glauben behalten, für die Kraft, um die Weisheit und die rechte Sehensweise, dass Gott bei uns bleibt, für den Engelschutz, die Gesundheit, um seine Liebe, seinen Frieden, viel Freude und um das tägliche Brot. Warum soll man nicht alle Dinge mit Gott beginnen, anstatt ihn erst dann zu rufen, wenn wir selber nicht mehr weiterwissen? Wenn die Dorfbewohner morgens das Gebetläuten hören, knien sie sich auch nieder zum Morgengebet. Dann beginnen sie, wie die Näherin, ihre tägliche Arbeit. Christen haben auch eine Glocke in der Seele, die ihnen sagt, dass es Zeit zum Gebet ist.

Den Dorfbewohnern ist es längst zur Gewissheit geworden: Beten hilft! Gott hilft zur rechten Zeit. Wie die Hilfe aussieht, überlassen sie Gott.

Sie vertrauen ihm und haben viele schöne Erlebnisse. Mit Gott ist alles möglich. Sie spüren es. Sie spüren den Frieden und die Liebe untereinander. Den Eltern und der Schullehrerin ist es auch wichtig, den Kindern von der Gebetsmacht, den Auswirkungen des Gebetes und der Hilfe Gottes zu erzählen, so dass sie es auch in den Alltag, in die Praxis einbauen und nutzen können. Kinder singen gerne – und es gibt auch viele schöne Lieder zur Ehre Gottes.

Sonja weiß, dass es viele Schlüssel gibt. Dankbarkeit ist der Schlüssel zum Herzen des Gebers. Jesus hat Petrus des Himmelreichs Schlüssel gegeben. Diese Schlüsselvollmacht ist noch auf Erden. Jede Haustüre und jede Wohnungstüre hat einen Schlüssel und wer den Schlüssel hat und benützt, kann leicht hinein. Einen Schlüssel haben ist auch eine gewisse Macht. Es gibt Schlüssel für die Schatztruhe, die Schatzkammer, den Waffenschrank und die Waffenkammer. Das Gebet ist eine starke Waffe, die man auch dann einsetzt, wenn sonst nichts mehr helfen kann.

Am Abend, nach getaner Arbeit, nimmt Sonja wieder den Kapellentürschlüssel, geht zur Kapelle, läutet die Glocke, kniet sich hin und dankt Gott für alles, bittet um den Engelschutz für die Nacht, um einen gesunden Schlaf und um eine gute Nacht. Die Dorfbewohner hören die Glocke und knien sich in ihren Wohnungen zum Nachtgebet hin.So können sie ruhig und gelassen ins Bett gehen. Der Liebe Gott sendet Engel, dienstbare Geister um das Dorf,um die Häuser und an die Betten der Menschen. So beschließt Sonja den Tag mit dem Lieben Gott und sperrt die Kapelle wieder zu.

Gespräch mit Jesus, dem Gottessohn

Lieber Herr Jesus, in einem Kirchenlied heißt es: Du bist der Töpfer, ich bin der Ton. Ich möchte auch gerne Ton in deinen Händen sein, ganz im Vertrauen, dass du das Beste aus mir machst. Du bist Gottes Sohn und der beste „Töpfer", den es gibt, eben der Meister. Es ist doch eine Ehre, von Meisterhand geformt zu sein. Ich möchte ein reiner, guter Ton sein, der nicht beim Brennen springt und das edle Gefäß dann kaputt ist. Hilf mir bitte auch dazu.Forme mich doch nach deinem Sinn zu dem, was du brauchst.

Vielleicht machst du aus mir einen schönen Krug mit besonderen Farben und Verzierungen, dass ich wert bin, edlen Wein, dein Wort, aufzunehmen und wieder in andere Gefäße abzugeben, weiterzugeben. Oder du machst aus mir eine schöne Schale in wunderbarer Form, in der gute Früchte, Früchte des Glaubens liegen und mancher Mensch kann sich dann mit süßen, reifen Früchten stärken und neue Energie aufnehmen. Töpfer machen auch Ofenkacheln, richtige Wunderwerke in Formen, Farben und Mustern. Brauchst du mich für einen warmen Ofen in der Kälte dieser Zeit, damit ich Wärme abgeben kann, Liebe für andere Menschen?

Ich möchte immer, dass es in mir brennt für dich und deine Sache. Ich brauche deine Liebe für mich selber, damit ich leben kann und ich möchte auch Liebe und Wärme ausstrahlen. Ein Töpfer macht auch Vasen, Figuren und Skulpturen als Ziergegenstände für die Wohnung, in unendlicher Fantasie.
So wird die Wohnung heimeliger, schöner, wertvoller. Damit ist Reichtum im Haus oder am Haus.

Es ist nur nicht angenehm für ein Werkstück, wenn es im Brennofen ist. Es sieht den Töpfermeister nicht, weiß nicht wie lange das Brennen dauert und es ist dunkel. Aber der Meister hat ein Auge auf den Ofen, die Temperatur und die Dauer des Brennvorganges, das dem Werkstück entspricht.

Er freut sich auch auf die fertigen Krüge, Schalen, Vasen und Ofenkacheln. Und er liebt jedes einzelne Stück, hält es mit Freude in den Händen und hat für alles was er gemacht hat, eine ganz bestimmte Verwendung.

Lieber Herr Jesus, ich bitte dich, lass mich Ton in deinen Händen sein, gutes, reines Material, das sich gut formen und bilden lässt, für dich, für mich und für andere zur Freude. Ich danke dir von ganzem Herzen, dass ich Ton in deinen Händen sein darf und dir vertrauen kann, ganz und gar.

Lass mich auch ein Krug sein, der Wasser schöpfen kann vom Altar Gottes und jeden Tag neu schöpfen kann aus der Kraftquelle, aus der Liebe Gottes.

Ich danke meiner Tochter Ruth
und meinem Mann Winfried
für ihre Hilfe zu diesem Buch!